AF227129

MÉMOIRE
AUX CHAMBRES

A L'OCCASION

DES

ÉVÉNEMENS DE LYON.

PAR THÉODORE BENAZET.

DÉCEMBRE 1831.

Paris.

Typographie de Pinard,
Rue d'Anjou-Dauphine, 8.

MÉMOIRE
AUX CHAMBRES

A L'OCCASION

DES

ÉVÉNEMENS DE LYON.

PAR THÉODORE BENAZET.

Décembre 1831.

PARIS,

LEVAVASSEUR, LIBRAIRE,

PALAIS-ROYAL.

L'époque de l'examen du budget approche; tout le monde proclame la nécessité d'un allégement dans les charges publiques. Ces circonstances recommanderont peut-être, à l'attention des membres des deux Chambres, quelques réflexions inspirées par un sincère amour du pays.

Lorsque les événemens de Lyon vinrent surprendre la France au milieu d'un calme profond, la première pensée dut être pour la société menacée dans son existence. La circonspection devint un devoir; aujourd'hui le tumulte est apaisé, on peut sans danger bannir toute réserve sur cette question.

On s'est félicité très haut de ce que l'insurrection lyonnaise avait été exempte de toute couleur politique; mais n'est-ce pas là, au contraire, ce qui en fait la gravité?

Lorsque les révolutions descendent des palais dans les rues, elles perdent beaucoup de leurs inconvéniens. Si le Gouvernement n'a affaire qu'à une révolte, il la réprime aisément par son action propre et par l'appui que lui prêtent les masses. Chaque mouvement étouffé double sa force; le vrai peuple, le flot irrésistible, ne s'émeut que pour des causes justes et universelles. Ce jour là, le pouvoir est toujours dans son tort; il succombe, et quelque grande amélioration se sanctionne à la suite de la lutte.

Dans une société qui se perfectionne, la politique n'amène donc que secousses passagères ou progrès.

Mais la crise qui vient de se manifester à Lyon est d'une nature bien autrement sérieuse. Cette question vitale des sociétés modernes, de l'abstraction vient enfin de passer à l'application matérielle; elle n'est plus renfermée dans les livres, elle se fait jour, et devient affaire pratique de gouvernement.

Vingt, trente mille ouvriers, une masse enfin d'hommes paisibles et laborieux, vivant dans leurs foyers, ne quittent pas d'un élan unanime, à un jour donné, leurs femmes et leurs enfans, pour aller s'exposer à la mort hideuse des luttes civiles, aux effrayantes vengeances des lois, s'ils n'y sont poussés par une cause plus puissante que l'esprit de la conservation et l'amour de la famille. Et si on me dit que la politique est étrangère à ce grand mouvement d'hommes, que les masses après leur victoire ont été pures de tous excès, je ne trouve en ces choses sans exemple qu'une nouvelle raison de m'effrayer davantage. Plus il y a eu absence de mauvaises passions, plus le motif déterminant a dû être profond, pressant, irrésistible; et ce motif, qui ne le trouve sur-le-champ? qui ne dit : c'est la faim?

Personne ne le nie. Mais qu'on ne tombe pas dans une erreur dangereuse, qu'on ne s'imagine pas que ce soit à Lyon seulement qu'il y ait urgence à appliquer le remède. Il y a ulcère sur ce point, mais la maladie est dans tout le corps.

Du pain pour les masses, voilà le problème de notre société moderne.

L'existence des deux tiers des habitans de nos campagnes n'est encore tolérable que parce qu'ils n'ont jamais connu une situation meilleure; la plupart des citadins ne soupçonnent même pas cette affreuse misère. Quant aux ouvriers, depuis un quart de siècle leur salaire a plutôt diminué qu'augmenté, tandis que plusieurs objets indispensables de consommation sont devenus plus chers par la surcharge d'impôts. Il ne faut pas oublier non plus une cause de détresse qui n'est pas assez généralement appréciée, c'est l'accroissement de leurs familles, fait assez démontré par l'élévation du chiffre de la population générale dont les politiques sont si fiers.

Ainsi les ouvriers ont à nourrir un plus grand nombre de bouches, à se fournir d'objets plus coûteux, et tout cela avec des salaires peut-être moindres que ceux qu'ils recevaient il y a vingt-cinq ans; aussi la diminution, je n'oserai pas dire de leur bien-être, mais de leurs conditions d'existence, leur est-elle plus sensible qu'aux paysans; et, placés plus près de notre oreille, ils font entendre des plaintes plus énergiques pour des maux également intolérables.

Est-il au pouvoir des fabricans de changer cette situation? peuvent-ils assez élever les salaires pour qu'au prix de son travail, un ouvrier gagne sa vie? Sans les croire à l'abri de tout reproche, on peut cependant penser que tous les sacrifices compatibles avec leurs intérêts n'aboutiraient qu'à un palliatif impuissant.

La société doit-elle donc périr? Non, sans doute; mais il faut, par des efforts sincères et bien dirigés, rendre plus supportable l'existence du peuple.

Pour être efficaces, ces efforts doivent tendre tout à la fois à ne prendre que le moins d'argent possible dans la bourse des contribuables, et à faire qu'avec une somme donnée, ils puissent acheter une plus grande quantité de choses sur le marché. C'est assez dire qu'il faut diminuer le budget, et substituer aux impôts excessifs sur les objets de consommation, des taxes modérées, toutes les fois que ce changement peut s'opérer sans une diminution de produits.

Il faut le dire avec autant de franchise que de

conviction : notre dernière révolution n'a encore rien fait pour les classes pauvres ; elle n'a jusqu'à présent amené aucune de ces mesures décisives qui rattachent toute une population à un système politique par les bienfaits qu'elle en retire.

Lorsqu'on parle des impôts, on doit éviter ces vagues déclamations, dont le moindre défaut est de ne conclure à rien ; il faut reconnaître, proclamer bien haut les nécessités d'une machine aussi compliquée que l'administration de la France, et les exigences de services indispensables à assurer ; il faut aussi faire la part des mesures à prendre contre toute possibilité d'agression.

Mais aussi on doit rechercher avec scrupule s'il n'y aurait pas quelques services qui pourraient suffisamment marcher avec moins de fonds ; et une fois arrivé au strict nécessaire, s'il n'y aurait pas possibilité de fournir la même somme au Gouvernement, tout en prenant moins aux contribuables ; ou mieux, pour éviter tout air paradoxal, si tout en assurant la même somme à l'État, les contribuables ne pourraient pas avoir une plus grande quantité d'objets de consommation.

Je vais toucher à des questions bien irritantes. Puisse mon langage être toujours assez modéré pour écarter les passions !

Depuis l'époque de la restauration, le budget du clergé a doublé; c'est la seule branche de l'administration qui ait suivi une progression si effrayante. La révolution doit certainement peu de reconnaissance à ce corps, et il n'y aurait ni injustice ni ingratitude à ramener son budget vers les limites qu'il avait, lors du Concordat, à ne pas donner plus que l'homme proclamé par les prêtres le nouveau Constantin.

Mais la prudence, la politique? Le clergé n'exerce-t-il pas encore dans une vaste partie de la France une influence trop grande pour être dédaignée? impuissant pour renverser ce qui existe, ne peut-il point cependant nous entraver à chaque pas? un obstacle aussi embarrassant ne doit-il pas être soigneusement évité ?

Toutes ces considérations sont graves; elles seraient décisives s'il n'existait un moyen bien simple d'opérer une économie nécessaire, et tout à la fois de rattacher le clergé au nouvel ordre de choses. Ce moyen, tout simple qu'il est, n'a pas encore été indiqué. Le voici :

Corps essentiellement hiérarchique, le clergé a pour base une milice nombreuse; à mesure

qu'elle s'élève, cette pyramide d'hommes se ré-
trécit, et, près du sommet, on ne compte plus
que quelques chefs.

Dans l'état actuel de notre société, et à cause
de l'inégale répartition de l'instruction, l'influence du haut clergé n'est pas de même nature,
et n'a pas la même source que celle des simples
prêtres.

Le haut clergé, concentré dans les grandes
villes où les lumières sont le plus répandues,
n'a guère qu'une influence relative, celle qu'il
retire des nombreux agens inférieurs auxquels
il communique l'impulsion.

Le bas clergé, au contraire, agit sur les masses
les moins éclairées. Il touche de tous côtés à la
population. Par la chaire, il dispose de la plus
retentissante des tribunes; tandis que par le
confessionnal, il pénétre jusque dans le sanc-
tuaire des consciences. Son pouvoir ne s'arrête
que là où la croyance finit, et il est peu de familles dans lesquelles il n'ait quelques intelli-
gences.

Cette portion du clergé, il faut avoir le courage de le dire, a d'utiles et pénibles fonctions
à remplir; c'est sur elle que porte tout le labeur
du sacerdoce. Mais par une injustice trop com-
mune, à peine arrache-t-elle à ce riche budget

son strict nécessaire, tandis que le surplus est dévoré par un état-major d'une utilité contestable, et surtout sans influence directe.

En présence de cet état de choses, et en se tenant soigneusement en dehors des dangereuses querelles de religion, n'est-il pas un moyen aussi juste que politique d'obtenir économie d'un côté, attachement de l'autre?

Napoléon recommande quelque part de gagner les masses pour pouvoir dédaigner les chefs.

Le véritable clergé, celui qui parle au peuple, celui qu'il faut s'attacher, touche à peine un cinquième de la totalité du budget ecclésiastique. Loin de faire aucune économie sur cette partie, je voudrais que par l'addition de quelques millions, on créât aux prêtres subalternes un véritable bien-être; qu'on augmentât leur revenu d'un tiers ou de moitié. Trois ou quatre millions suffiraient pour cela. Pour eux, ce serait une véritable aisance, et on peut dire, sans basse flatterie, que quelque chose en reviendrait aux malheureux.

Quant aux fonds qui servent à alimenter de grasses sinécures, peut-être même quelquefois de coupables intrigues, c'est là qu'il faudrait porter une main inexorable. Ce qui suffisait à

l'existence.du haut clergé à l'époque du Concordat lui devrait aussi suffire aujourd'hui. Tellé
devrait être l'infranchissable barrière opposée
à ses exigeances.

Et sa position paraîtra certes encore bien tolérable, si on considère qu'au salaire de l'état,
il joint un immense casuel, dont le chiffre est.
un mystère, et le revenu des legs pieux si mul-
tipliés à une certaine époque.

Maintenant, qu'on l'entende bien : cette seule
mesure donnerait une économie de 12 à 15
millions.

Cette manière d'agir serait sage et légitime.
Elle procurerait un allégement sensible à nos
charges, et rallierait franchement l'immense
majorité du clergé à un ordre de choses qui lui
serait si favorable.

Vainement alors prodiguerait-on d'en haut
les clameurs et les mandemens. Tout ce bruit
tomberait devant l'intérêt et la raison.

Un autre moyen existe encore, dont l'emploi
est indispensable. Il faut le juger sans préven-
tion, et aller au fond des choses sans s'arrêter
à des idées trop légèrement reçues.

Laissons de côté l'examen de la théorie des
emprunts publics. Disons, avec Necker, qu'une
fois un état de l'Europe engagé dans cette voie,

tous les autres ont dû nécessairement l'y suivre.

En prenant les faits tels qu'ils sont, rien ne mérite plus de ménagemens, de respects que le crédit public. C'est une des nécessités de nos temps.

Mais sur quelles bases repose-t-il? sur l'opinion de deux classes, les véritables rentiers et les agioteurs. Les uns opèrent par voie de pari sur un capital fictif; les autres considèrent surtout l'intérêt, et prêtent tout leur appui au gouvernement qui garantit le paiement de l'arrérage. Ce sont ces derniers qui en définitive remplissent les emprunts et classent la rente. C'est donc leur confiance qu'il importe d'obtenir.

Or, il serait peu difficile de leur prouver que leur intérêt bien entendu serait dans l'amortissement réel, dans l'extinction définitive d'une forte partie de la rente rachetée. Personne n'ignore que dans tous les pays à déttes fondées, l'amortissement cache une grande déception politique; et que les gouvernans de tous ces états voient dans cette accumulation de fonds, une vaste réserve, une ressource certaine pour les grandes crises, et non une diminution réelle des charges publiques. Nul doute que, s'il se fût développé seulement la moitié des événemens dont l'Europe a été dernièrement menacée, on n'eût porté partout la main sur ces riches dépôts. Non seulement en dernier lieu, mais encore à diverses époques, les indiscrétions ont si peu manqué sur ce sujet, que ce n'est plus aujourd'hui un secret de gouvernement. Les rentiers verraient donc probablement sans regret anéantir à tout jamais une masse de 600 millions pris parmi ceux rachetés, puisqu'ils y trouveraient la sécurité que ces fonds ne pourraient plus venir les écraser par une nouvelle émission. En outre, le bien-être que répandrait dans le pays cet allégement de 30 millions de rentes, augmenterait dans une proportion indéfinie les conditions de tranquillité, et partant leur confiance pour le paiement des arrérages; et il est inutile de répéter que c'est le principal objet de leur sollicitude. Le capital n'est pour eux que d'une importance relative, puisque le plus grand nombre ne songe pas à sortir de la rente.

Il est donc probable qu'on pourrait concilier l'assentiment des rentiers à cette mesure. Resterait alors le mécontentement de ceux qui ne voient dans les fonds publics qu'une matière à spéculation. Je sais bien que leur appui n'est pas à négliger. Mais ne leur laisserait-on pas encore un fonds d'amortissement d'envion 50 millions? Et, après tout, ne leur a-t-on pas fait déjà trop de sacrifices ? Est-ce donc pour quelques francs de baisse momentanée, qu'on doit renoncer à une mesure décisive pour la stabilité du pays ? Ne pourrait-on pas enfin leur rappeler que l'insurrection de Lyon a bien aussi amené ce résultat si redouté ?

Il est une question sur laquelle les partis seraient bien vite d'accord, si les partis avaient de la bonne foi ; je veux parler de la liste civile.

Ici encore, il faut prendre les faits tels qu'ils sont. La majorité du pays n'en est pas venue à comprendre un roi vivant comme un simple président. Le prince doit donc disposer d'une grosse liste civile. D'un autre côté, une opinion qui gagnera beaucoup de terrain lorsqu'elle se sera disciplinée, veut un gouvernement à bon marché. Il faut donc aussi que le prince se rapproche le plus possible d'une limite au delà de laquelle les exigences de cette opinion ne puissent l'attaquer qu'avec désavantage.

Ceux qui veulent conserver à la liste civile le chiffre élevé qu'en fait, elle a depuis dix-huit mois, font sonner bien haut la protection qu'elle doit à l'industrie, et surtout à certaines branches purement de luxe. A cela on répond que son impuissance pour arriver à ce résultat, est

démontrée par le temps qui s'est écoulé depuis
la révolution ; qu'il y a sur ce point expérience
et chose jugée ; que quelques millions jetés sur
deux ou trois places de commerce, ne seraient
qu'un remède illusoire à un mal profond et gé-
néral ; que ce n'est pas précisément d'ouvrage
qu'on manque, mais d'un salaire suffisant ; que
l'argent mis en circulation par ce canal profi-
terait surtout au fabricant, tandis que c'est
principalement l'ouvrier qu'il faut aujourd'hui
secourir à tout prix.

D'après l'état actuel de la discussion sur la
liste civile, 12 millions paraissent devoir ample-
ment lui suffire [1]. C'est le chiffre du peuple qui
qui aime les comptes ronds. Que si aucun parti
n'était satisfait de cette évaluation, ce serait en
telle matière une preuve de plus d'une fixation

---

[1] Bien de la lumière a déjà été jetée sur cette question.
Qu'on supprime l'intendance irresponsable de la maison du
Roi, qu'on livre au contrôle de la publicité toutes les dépenses, celles de la cassette du prince exceptées ; que la ges-
tion des biens de la couronne soit remise aux mains rigides
de l'administration qui exploite les biens de l'État, et on
connaîtra alors au juste combien peu coûte le roi d'une
grande nation, lorsqu'il est seul à profiter des sacrifices que
le pays fait pour lui.

raisonnable. Nous obtiendrions ainsi une nouvelle économie de 6 millions.

Voilà peut-être les seuls services susceptibles de subir aujourd'hui des réductions larges et efficaces, sans être cependant compromis. Partout ailleurs, on risquerait de jeter la perturbation sans arriver à un résultat digne d'être atteint. Ainsi en est-il du lieu commun du traiment des fonctionnaires. Sans doute les grosses rétributions doivent être soumises à un examen sévère, mais plutôt en vue du principe que du résultat ; pour ce qui est des lésineries sur les émolumens des fonctionnaires inférieurs, elles ne serviraient qu'à réduire des milliers de familles au désespoir, sans aucun avantage réel pour la chose publique.

Quant à l'économie à peu près certaine qu'amènerait un changement de système dans la perception de l'impôt, et qui a frappé tant de bons esprits, il faut remarquer que la question est complexe. En impôts, tout se lie. Les frais de perception qu'on voudrait réduire, se répandent chez un nombre infini d'individus qui n'ont que ce moyen d'existence. Il serait donc possible que l'économie obtenue fût compensée par une diminution dans le produit des taxes de consommation, et que là, encore, la création d'une grande misère particulière n'aboutît qu'à l'altération de la richesse publique.

C'est donc au clergé, à l'amortissement et à la liste civile qu'il faut se borner, quant à présent, à demander des ressources. Mais le premier peut fournir environ 15 millions ; le second, 30 ; et la troisième, 6 ; en tout une cinquantaine de millions.

Maintenant que le budget ne nous présente plus de matière à des économies sérieuses, il convient de rechercher s'il n'est pas des impôts qui donneraient le même produit tout en devenant plus légers.

Le but de l'impôt indirect, comme de toute autre taxe, est de faire face aux dépenses. Si de deux modes de les couvrir, l'un laisse plus de développement au bien-être des masses, l'autre tend à le restreindre, le premier doit, à tous les titres, avoir la préférence.

C'est un axiome désormais trivial en économie politique, c'est une vérité démontrée en fait par l'expérience, que la substitution des taxes modérées aux grandes, a pour effet de rapporter autant, souvent même plus, à l'État.

Je reconnais d'avance que ce principe, pour être complétement vrai, exige la réunion de deux conditions ; la première, que la réduction de la taxe soit tellement sensible, qu'elle doive encourager la consommation; la deuxième, que la matière imposée soit d'une nature telle, que la consommation soit susceptible d'une extention indéterminée.

Mais lorsqu'on se place dans cette double hypothèse, on arrive à des résultats vraiment incroyables. Parmi les milliers d'exemples authentiques que fournissent les économistes, je vais en prendre presque au hasard quelques uns. Ces documens sont empruntés à l'excellente *Revue britannique*. Leur authenticité est à l'abri de toute contestation.

Dès son arrivée aux affaires, le génie de Pitt se manifesta dans ses opérations financières, par le soin qu'il mit à rendre les taxes plus productives, tout en diminuant le fardeau. En 1783, il réduisit d'un tiers les droits sur le café. Aussitôt le produit de la taxe monta au triple. De 1805 à 1808, le droit fut élevé à 2 f. 71 c., et rapporta environ 3 millions. En 1808, M. Parceval le réduisit à 73 c., et le prduit s'éleva à plus de 5 millions. La consommation fut SEXTUPLÉE.

Exemple plus récent. Lors de l'arrivée de M. Huskissson au ministère, les esprits distillés en Irlande et en Ecosse étaient imposés à 5 sh. 6

den. par gallon ; et le nombre de gallons payant
le droit à l'accise, était dans la dernière année
des hautes taxes de 2,118,650 pour l'Irlande
seulement. La taxe est réduite à 2 sh. : dès la
première année, la consommation monte à
8,158,046 gallons, et en 1825, elle s'élève à
9,208,618 gall., et la taxe rapporte ainsi près
de 10 millions de francs de plus dans l'année; le
même résultat se reproduit en Ecosse.

Chez nous, les mêmes causes amenèrent les
mêmes effets. En 1775, Turgot réduisit de moitié les droits sur le poisson de Paris, et le produit n'éprouva aucune diminution, ce qui
prouve que par cette bienfaisante mesure la
consommation fut doublée.

Chez nous aussi, les taxes immodérées arrê-
tent la consommation. Necker établit que de son
temps la demande pour le sel était seulement
de 7 livres $^{1}/_{6}$ par individu, dans les provinces
dites de grande gabelle, tandis qu'elle s'élevait
à 18 livres dans les provinces rédimées, nom
qu'on donnait à celles qui avaient racheté cet
impôt. Ainsi, par l'absence de la taxe, la consommation s'accroissait dans la même proportion à peu près que cinq est à deux.

Il reste donc bien démontré que les denrées
dont l'usage est universellement répandu, et

qui n'ont qu'une faible valeur intrinsèque, seront consommées en plus grande quantité, en raison directe de la diminution des taxes; et que malgré la réduction des droits, le produit peut rester le même, et, dans certaines circonstances, augmenter.

Pour ne pas s'exposer à porter le désordre dans les finances, l'expérience doit sans doute n'être tentée qu'avec prudence, et seulement sur un article ou deux à la fois. Par lequel commencer ?

De l'observation recueillie par Necker, nous devons tirer cet enseignement, qu'avec un impôt modéré, la consommation du sel est susceptible de recevoir en France une extension indéfinie. Cette opinion est d'ailleurs celle de tous les hommes qui peuvent faire autorité en cette matière. Eh bien, rappelons-nous que c'est là une des dettes de notre révolution, un des bienfaits qu'elle a annoncés aux classes inférieures. Qu'on remplisse cette promesse; qu'on entre avec courage dans cette voie.

Il n'est pas nécessaire de faire ressortir les raisons qui commandent de faire commencer la réforme par ce point. Cette denrée, mise à la portée de tous les besoins, doit améliorer une infinité de branches d'industrie pour lesquelles elle est une nécessité. La consommation doit rapidement doubler et aller encore au delà. Le gouvernement peut même accélérer ce résultat, en éclairant, par ses vastes moyens d'action, les habitans des campagnes sur les avantages de l'emploi en grand de cette denrée. Mais pour arriver sûrement au but, il ne faut pas craindre de réduire la taxe, de prime-abord, de moitié; alors on pourra hardiment présager que bientôt les produits nouveaux atteindront les anciens, les dépasseront peut être, et que cependant une véritable prospérité se répandra par cette mesure sur la surface entière du royaume.

Ceux qui veulent tout réduire en chiffres, trouveront que la taxe sur le sel rapportant une somme de plus de 50 millions, un dégrèvement de moitié produirait 25 millions, répartis surtout entre les classes nécessiteuses; ces 25 millions reviendraient bien, à la vérité, au trésor par le fait de l'accroissement de la consommation, mais ils y rentreraient comme prix d'une double quantité de marchandises, et pour cette fois l'augmentation des produits du fisc serait bien en effet la preuve incontestable de la progression du bien-être dans les masses.

Ici je m'arrête. Il faudra bien aussi que plus tard on s'occupe d'une révision du tarif des douanes, et le jour où on la fera dans des vues larges, une grande amélioration en résultera. Mais demander trop de réformes à la fois, c'est vouloir n'en obtenir aucune.

Par les réductions indiquées sur le clergé, la liste civile et l'amortissement, 50 millions disparaîtraient du chiffre total du budget. Ce dégrèvement devrait essentiellement profiter à tous, et plus particulièrement aux classes nécessiteuses. Il faudrait donc le concentrer sur les impôts de consommation qui pèsent le plus sur le pauvre D'après ce qui vient d'être dit, on reconnaîtra que ce serait créer de nouvelles ressources pour l'avenir, puisque le produit des taxes réduites devrait presque toujours baisser fort peu.

Quant à l'indispensable expérience à tenter sur l'impôt du sel, il y a certitude morale que le trésor n'y perdrait rien. Cependant, comme le peuple ne verserait la même somme dans les coffres de l'Etat que pour une double quantité de denrées, il y aurait réellement pour lui décharge d'une somme égale à la moitié, soit 25 millions.

Nous arrivons donc, en dernier résultat, à un allègement total de SOIXANTE-QUINZE MILLIONS.

D'après ce que tout le monde sait de la

population générale du royaume, du nombre moyen des familles, et de l'inégalité de cette moyenne entre les différentes classes de la société, on est conduit à ce résultat que chaque *chef de famille* des classes inférieures aurait à payer de moins, par an, une somme de 15 ou 16 francs, ce qui serait pour lui, toujours en moyenne pour la France, comme s'il recevait un demi-mois de salaire, sans avoir la charge des dépenses de ce demi-mois.

Voilà, certes, qui serait un soulagement efficace apporté aux malheureux qui nous entourent. Pour y arriver, il faut sans doute renoncer à une routine devenue sacrée par son ancienneté; il faut aussi froisser des intérêts qui se plaindront bien haut. Mais qui ne s'est avoué qu'il s'agit ici d'une question d'existence ? Point de demi-mesures : elles ne remédient à rien. Point de délai non plus; il y a urgence. Ce n'est pas demain, c'est aujourd'hui qu'il faut appliquer le remède. Et si quelqu'un hésite encore, je lui dirai : sur quelque point du royaume que vous soyez, regardez autour de vous, et souvenez-vous de Lyon.

IMPRIMERIE ET FONDERIE DE PINARD,
RUE D'ANJOU-DAUPHINE, 8.